# 8° Z 9891 (1)

Paris
1878

**Jourdain, Charles-Marie-Gabriel Brechillet**

*L'université de Paris au temps d'Etienne Marcel*

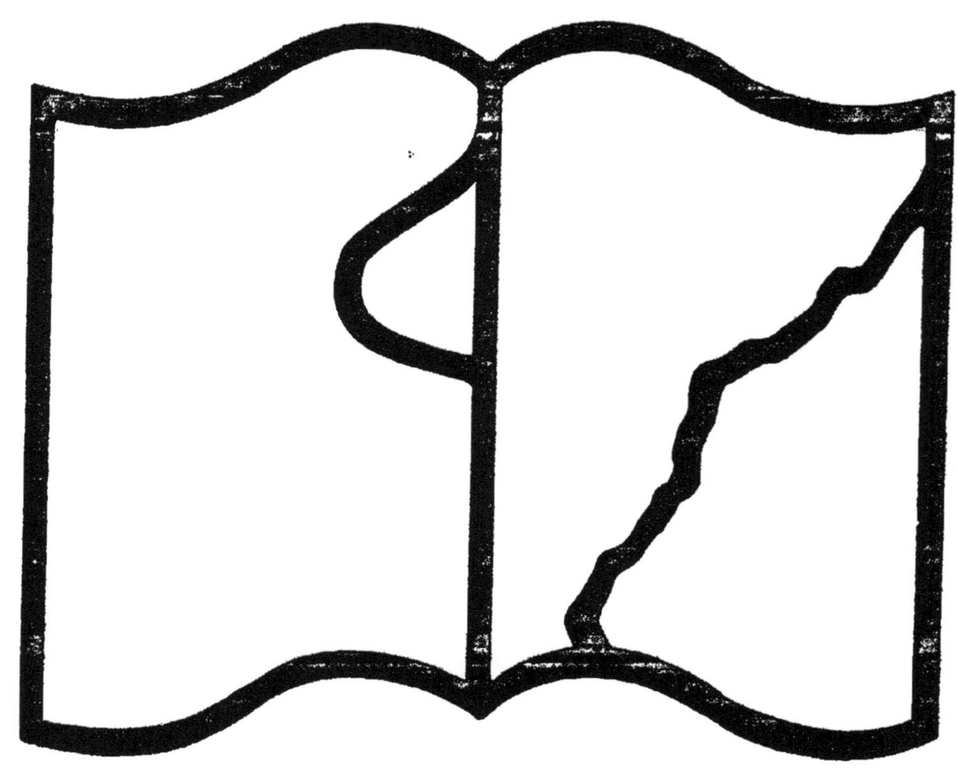

**Symbole applicable
pour tout, ou partie
des documents microfilmés**

Texte détérioré — reliure défectueuse

**NF Z 43**-120-11

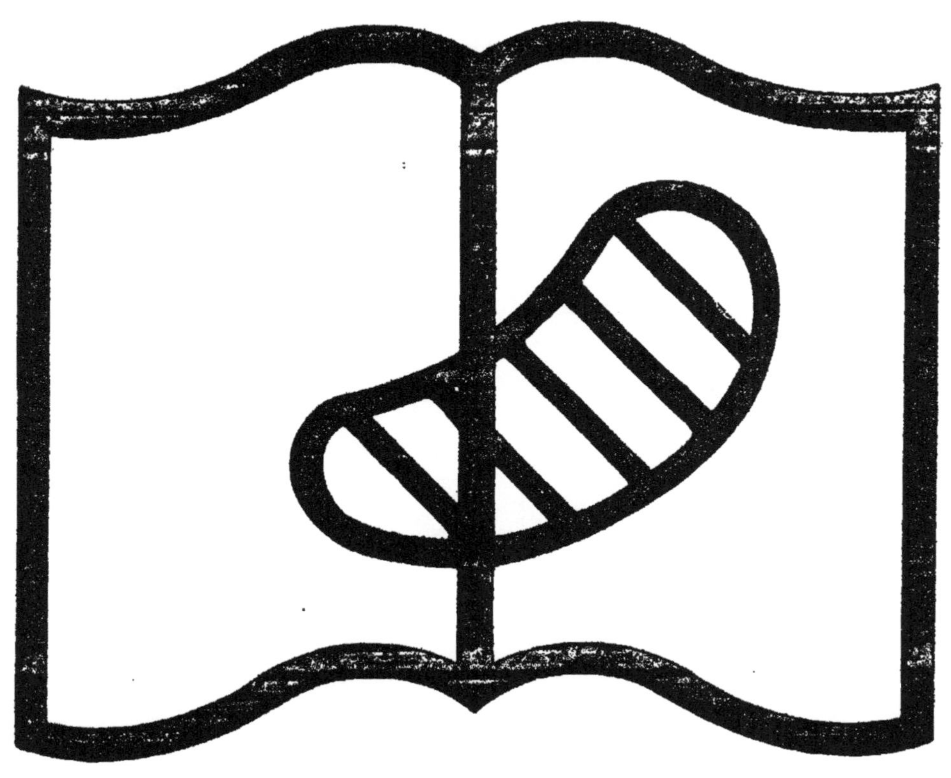

**Symbole applicable
pour tout, ou partie
des documents microfilmés**

**Original illisible**

**NF Z 43-120-10**

[illegible]
[illegible]
[illegible]

# L'UNIVERSITÉ DE PARIS

## AU TEMPS D'ÉTIENNE MARCEL

# L'UNIVERSITÉ

## DE PARIS

## AU TEMPS D'ÉTIENNE MARCEL

PAR

## M. Charles JOURDAIN

Membre de l'Institut.

(Extrait de la *Revue des Questions historiques*. Octobre 1878).

PARIS

## LIBRAIRIE DE VICTOR PALMÉ, ÉDITEUR

Rue de Grenelle-Saint-Germain, 25

1878

TYPOGRAPHIE
EDMOND MONNOYER
AU MANS (Sarthe)

# L'UNIVERSITÉ DE PARIS

## AU TEMPS D'ÉTIENNE MARCEL

Quel a été le rôle de l'Université de Paris, quelle attitude a-t-elle gardée en présence des projets de réforme et des tentatives révolutionnaires qui ont marqué en France le milieu du XIV⁰ siècle, et auxquelles le nom d'Étienne Marcel est resté attaché ?

L'Université de Paris touchait alors au plus haut point de splendeur et d'influence qu'elle dût atteindre. Il y avait plus d'un siècle et demi qu'elle avait été officiellement reconnue par un édit célèbre de Philippe-Auguste. Le nombre de ses colléges s'était accru d'année en année, et en 1356 elle en possédait déjà quarante, administrés par des séculiers ou par des communautés religieuses, et fréquentés par une multitude d'étudiants accourus non-seulement de toutes les provinces de France, mais de toutes les contrées de l'Europe. Elle avait vu monter dans ses chaires les maîtres les plus illustres que la chrétienté eût connus, Alexandre de Hales, Albert le Grand, saint Thomas d'Aquin, saint Bonaventure, Duns Scot, Jean Buridan. La pompe même de ses processions ajoutait à son prestige, et lorsque la longue suite de ses suppôts, formant le cortége du recteur, s'étendait à travers la ville, depuis le cloître des Mathurins jusqu'au-delà de la porte Saint-Denis, l'impression unanime de tous les habitants de Paris était un sentiment de respect pour l'illustre corporation qui leur offrait ce spectacle de sa puissance. Fière de ses priviléges et de sa haute situation dans la cité, l'Université de Paris ne se contentait pas du rôle spécial que son institution lui assignait ; il ne lui suffisait pas d'enseigner la jeunesse : elle intervenait dans les affaires de l'État ; et à la mort de Philippe le Bel, elle avait pris une délibération par laquelle elle reconnaissait pour héritier du trône de France son fils Philippe le Long[1]. Comment dès lors, au temps d'Étienne Marcel, se serait-elle tenue à l'écart? Comment dans ces jours néfastes se serait-elle montrée indifférente aux dangers qui menaçaient le royaume? Elle avait à choisir entre plusieurs attitudes ; elle pouvait, ou prendre parti pour ceux qui demandaient à des institutions nouvelles le salut de l'État, ou combattre leurs desseins comme subversifs et soutenir envers et contre tous les droits de la royauté; elle pouvait enfin garder une situation intermédiaire et n'user de son influence que pour calmer les esprits et faire prévaloir des idées de conciliation. A quelles résolutions s'est-elle arrêtée, et quelle ligne de conduite a-t-elle suivie?

Les chroniqueurs contemporains parlent de plusieurs démarches qui furent faites par l'Université auprès du duc de Normandie, celui qui dans l'histoire s'appellera Charles V, et qui déjà, comme fils aîné du roi Jean, gouvernait le royaume pendant la captivité de son père, prisonnier des Anglais. Ils citent un maître en théologie, Robert de Corbie, qui n'était pas sans crédit dans les écoles et qui fut un des partisans les plus résolus d'Étienne Marcel et du roi de Navarre, Charles le Mauvais. Quelques écrivains ont conclu de là que l'Université s'était montrée favorable aux idées de Marcel, et que, parmi les meilleurs soutiens du célèbre agitateur figuraient les écoliers et leurs maîtres.

Dans ses *Mémoires*, en général si exacts et si complets, sur le roi de Navarre[2], Secousse garde, il est vrai, une sage réserve. Il se contente de noter au cours du récit les démarches de l'Université; il blâme les paroles adressées au duc de Normandie par le général des Frères Prêcheurs, Simon de Langres; mais il ne représente pas l'école de Paris comme engagée dans la faction du prévôt des marchands et comme ayant prêté à sa cause un appui volontaire et efficace. L'opinion de notre savant et vénéré confrère, M. Naudet, nous paraît se rapprocher beaucoup de celle de Secousse[3]. Mais les historiens qui sont venus après Secousse et M. Naudet, surtout les plus récents, assignent à l'Université une part bien autrement active dans le mouvement insurrectionnel du xive siècle. M. Henri Martin affirme que le clergé était disposé à s'associer au tiers état ; ailleurs il montre l'Université qui s'ébranle et se joint avec le clergé diocésain au corps municipal; puis, après avoir raconté comment les beaux jardins que les Frères Prêcheurs possédaient, aux portes de Paris, furent sacrifiés aux nécessités de la défense de la ville, il ajoute : « Les bons frères ne murmurèrent point ; ils

---

[1] Nous avons publié le texte de cette importante délibération dans notre *Index chronologicus chartarum pertinentium ad historiam Universitatis Parisiensis*, p. 93.

[2] *Mémoires pour servir à l'histoire de Charles II, roi de Navarre.* Paris, 1758, in-4°.

[3] *Conjuration d'Étienne Marcel contre l'autorité royale.* Paris, 1815, in-8°.

étaient aussi dévoués à la chose publique que les gens des métiers[1]. » M. Jules Quicherat va plus loin; dans la remarquable notice qu'il a consacrée à Étienne Marcel, il avance que « les plus solides appuis du prévôt des marchands, c'étaient les riches bourgeois, les professeurs de l'Université, les moines mendiants, tous ceux qui maniaient l'argent ou la parole[2]. » Dans l'édition primitive de son livre sur *Étienne Marcel* et dans son mémoire sur *La démocratie au moyen âge*[3], M. Perrens avait textuellement reproduit cette assertion de M. Quicherat; elle ne se retrouve pas dans la nouvelle édition du premier ouvrage, que l'auteur a récemment donnée sous les auspices de la ville de Paris[4]; son sentiment actuel, s'il faut en juger par ses derniers travaux, c'est que l'Université resta neutre dans la querelle entre la bourgeoisie et la royauté.

Cette appréciation de l'attitude et de la conduite de l'Université nous paraît plus exacte que le sentiment opposé; mais nous voudrions ne pas nous borner, comme l'a fait M. Perrens, à l'énoncer rapidement : nous voudrions la développer et la compléter, de manière à caractériser le rôle de l'Université pendant les années 1357 et 1358 aussi nettement que le permettent les témoignages dont nous disposons. Nous ne venons pas en effet exhumer des documents enfouis avant nous dans les bibliothèques; nous n'avons à produire aucune pièce nouvelle. Mais l'étude des textes déjà connus est-elle donc épuisée? A-t-elle fourni tout ce qu'elle peut donner? En nous attachant à ces textes, en les examinant avec soin, sans nous écarter des règles d'une saine critique, nous ne désespérons pas de pouvoir jeter quelque jour sur un point d'histoire qui n'est pas sans intérêt, et qui jusqu'ici, en général, nous semble avoir été imparfaitement éclairci.

C'est l'effet ordinaire des grandes calamités publiques de réunir, ne fût-ce que pour un seul jour, les esprits et les cœurs dans un sentiment commun de dévouement au salut du pays. Quand la nouvelle du désastre de Poitiers parvint à Paris, tous les historiens tombent d'accord qu'elle causa chez les habitants de toute condition une douleur inexprimable. Le peuple et la bourgeoisie, comme la noblesse et le clergé, n'eurent qu'une pensée : délivrer le roi, tombé aux mains des Anglais, et sauver le royaume, en s'unissant au duc de Normandie, fils aîné du roi et son lieutenant. *Considerabat plebs tota*, dit le continuateur de Guillaume de Nangis avec une précision énergique, *quod per dominum Karolum et ipsius auxilium pater reverteretur et tota patria*

---

[1] *Histoire de France*, 4e édit.. t. V, p. 159, 161, 185, 190.
[2] *Le Plutarque français*. Paris, 1844. t. I, p. 330.
[3] *Étienne Marcel et le gouvernement de la bourgeoisie au XIV<sup>e</sup> siècle*. Paris, 1860, in-8°, p. 168; *La démocratie au moyen âge*. Paris, 1873, in-8°. t. I, p. 243.
[4] *Étienne Marcel, prévôt des marchands (1354-1358)*. Paris, 1874, in-4°.

*salvaretur* [1]. Il s'élevait, à la vérité, un concert de voix indignées contre la chevalerie française, coupable, disait-on [2], d'avoir lâché pied devant l'ennemi ; mais le défaut de courage et les trahisons supposées qui étaient reprochés à la noblesse, n'intimidaient pas les esprits et ne faisaient qu'exalter le patriotisme des classes populaires. Il serait surprenant que l'Université de Paris ne se fût point associée à cet élan généreux de la population. Aussi vit-on siéger aux États généraux de 1356 quelques-uns de ses membres. Nous en connaissons deux seulement, M<sup>e</sup> Robert de Corbie et M<sup>e</sup> Grimer, qui, dans une pièce authentique, retrouvée par M. Douët d'Arcq [3], se trouvent qualifiés de maîtres en divinité, ce qui veut dire maîtres de la Faculté de théologie. Mais la liste complète des députés aux états ne nous est point parvenue. Ils étaient plus de huit cents, dont quatre cents députés des bonnes villes [4]; la pièce que nous venons de citer ne mentionne que trente-quatre noms, les noms de ceux qui firent partie du Conseil des états. Il ne faudrait pas conclure du silence des historiens et de la rareté des documents, que l'Université ne fut représentée que par deux des siens dans l'assemblée que le duc de Normandie avait convoquée.

Mais, entre ce prince et les états, la bonne harmonie que les malheurs de la France paraissaient avoir cimentée, ne subsista pas longtemps. Avant d'accorder les subsides qui leur étaient demandés, soit pour continuer la guerre contre les Anglais, soit pour payer la rançon qui serait certainement exigée du roi, les députés des trois ordres, par les conseils d'Étienne Marcel et de l'évêque de Laon, Robert Le Coq, entreprirent de réformer les abus et d'en châtier les auteurs. Les commissaires qu'ils avaient chargés de ce soin notifièrent au Dauphin le résultat de leurs délibérations : c'était : 1° de réclamer la délivrance du roi de Navarre, Charles d'Évreux, emprisonné par l'ordre du roi Jean ; 2° de dénoncer plusieurs des officiers royaux comme la principale cause des maux du pays ; 3° enfin de demander que tous ces officiers fussent non-seulement privés de leurs charges, mais arrêtés et poursuivis devant des juges pris dans l'assemblée des états. Le duc de Normandie n'était âgé que de vingt ans, mais il avait déjà, malgré sa jeunesse, la ferme habileté qui devait lui mériter sur le trône le surnom de *sage*. Plus irrité des sommations qui lui étaient adressées sous forme de requêtes, que disposé à les accueillir, mais assez maître de lui-même pour dissimuler

---

[1] *Chronique latine de Guillaume de Nangis*, éd. Géraud, t. II, p. 242.

[2] *Chroniques de Froissart*, éd. Luce, pp. 37, 38 et 268. Voyez surtout la complainte sur la bataille de Poitiers publiée par M. de Beaurepaire, *Bibl. de l'École des chartes*, III<sup>e</sup> série, t. II, p. 260 et suiv.

[3] *Bibl. de l'École des chartes*, I<sup>re</sup> série, t. II, pp. 382 et suiv.

[4] Voyez le procès-verbal de la séance des états, publié par Isambert, *Recueil des anciennes lois françaises*, t. III, p. 771. Cf. Picot, *Hist. des états généraux*, t. I, pp. 44 et suiv.

son mécontentement, il crut ne pouvoir mieux faire que de temporiser.
Au bout de quelques jours, sous prétexte d'en référer, avant toute décision,
au roi, son père, et d'aller à la rencontre de l'empereur d'Allemagne,
son oncle, dont l'arrivée à Metz était annoncée, il ajourna sa réponse
et invita les états à suspendre provisoirement leurs réunions. Puis,
après avoir envoyé un certain nombre de délégués dans les bailliages
solliciter des subsides au nom du roi, il quitta lui-même Paris, le 3 dé-
cembre, et n'y rentra que dans les premiers jours de janvier 1357.

Afin de subvenir à la détresse du trésor royal, le Dauphin avait fait
publier pendant son absence un édit qui réduisait de moitié la valeur
de la livre tournois. La bourgeoisie se montrait fort mécontente de
cette mesure. Étienne Marcel, escorté d'une troupe de jour en jour plus
nombreuse, était venu trois jours de suite au Louvre porter au duc
d'Anjou, frère du duc de Normandie, d'énergiques protestations. Le
« commun de Paris, s'il faut en croire les *Grandes Chroniques* [1], étoit
moult ému, » et plus d'une fois l'agitation avait failli dégénérer en
tumulte et en sédition.

Quels étaient alors les sentiments de l'Université et de quel côté
inclinait-elle? Un incident peu remarqué des historiens permet de
l'apprécier.

Parmi les officiers royaux que les commissaires des états avaient
dénoncés, le plus détesté de tous comme chef de l'ancien gouvernement, celui dont le châtiment était réclamé avec le plus de passion,
c'était le chancelier du royaume, Pierre de Laforêt, archevêque de
Rouen. Mais tandis qu'à Paris de puissants adversaires travaillaient à
faire mettre en jugement le malheureux prélat, celui-ci était traité
par le Saint-Siége avec une éclatante faveur : il recevait du pape
Innocent VI le chapeau de cardinal. Malgré les dénonciations haineuses
dirigées contre son administration, malgré les dangers que pouvait
courir sa personne, le nouveau cardinal, qui s'était éloigné de Paris,
ne craignit pas d'y revenir. Il y rentra en même temps que le duc de
Normandie, le 14 janvier, c'est-à-dire peu de jours après des scènes
de désordre qui n'avaient pas été sans gravité. Si l'Université avait pris
parti, comme on le croit, pour la bourgeoisie soulevée par Étienne
Marcel, elle n'aurait fait sans doute qu'un médiocre accueil au prélat
contre lequel s'élevaient alors de si graves accusations et une si vive
animosité. Que fit-elle cependant? Elle s'empressa d'accourir au-devant
de lui; et pendant que le prévôt des marchands et les bourgeois de sa
suite s'arrêtaient à la porte Saint-Antoine pour y recevoir le duc de
Normandie, les *Grandes Chroniques* racontent qu'un grand nombre
de colléges et les ordres religieux vinrent en procession jusqu'au-delà

---

[1] *Les Grandes Chroniques de France*, éd. de M. Paulin Paris, t. VI,
pp. 46 et 47.

des portes de la ville, à la rencontre du nouveau cardinal[1]. Que ce fût par révérence pour sa dignité, le rédacteur des *Chroniques* le dit expressément, et nous n'avons pas de peine à le croire. Mais Pierre de Laforêt était un personnage trop considérable dans le royaume, pour que les honneurs qui lui étaient rendus n'eussent pas une double signification, l'une religieuse et l'autre politique. En célébrant son arrivée à Paris, l'Université ne pouvait donc pas se faire illusion : elle ne s'acquittait pas seulement d'un devoir traditionnel envers un prince de l'Église; elle témoignait clairement qu'elle ne partageait pas les ressentiments des ennemis de Pierre de Laforêt, que leurs dénonciations et leurs cris de vengeance n'avaient pas trouvé d'écho dans ses écoles, qu'on y gardait, malgré tout, le respect dû à la personne du chancelier de France aussi bien qu'à la dignité de cardinal.

Il est constant d'ailleurs que le clergé, celui de Paris comme celui d'autres villes, qui s'était associé d'abord aux projets de la bourgeoisie pour la *réforme* des abus, se sépara des états aussitôt que la conduite et le langage des partisans d'Étienne Marcel laissèrent soupçonner des intentions factieuses[2]. Beaucoup de ses membres, qui avaient assisté aux réunions du mois d'octobre 1356, ne siégèrent pas à celles du mois de février suivant; l'archevêque de Reims, Pierre de Craon, qui avait porté la parole devant le duc de Normandie, avec une singulière fermeté, au nom de la première commission, s'abstint dans la suite de paraître aux assemblées, se prononça en faveur du prince, et fit tant, dit Secousse, qu'il devint son principal conseiller[3]. Un seul prélat, Robert Le Coq, évêque de Laon, resta fidèle à Étienne Marcel, jusqu'à devenir le complice déclaré de la rébellion contre l'autorité royale[4]. Cependant il avait figuré dans les conseils du roi Jean, et il avait été comblé de ses faveurs.

Nous n'avons pas à raconter les événements de l'année 1357; au mois de mars, le triomphe éphémère des chefs de la bourgeoisie parisienne; la création d'un nouveau conseil de gouvernement qui concentre tous les pouvoirs en ses mains; le renvoi des officiers royaux que le

---

[1] *Les Grandes Chroniques de France*, éd. de M. Paulin Paris, t. VI, p. 48.

[2] Il faut lire sur ce point le chapitre des *Grandes Chroniques*, p. 59 et suiv. : *Coment la puissance inique des trois estas déclina et vint à néant.* Froissart dit de son côté, p. 95 : « Vous di que li noble dou royaume de France et li prelat de sainte Église se commencièrent à taner de l'empire et ordenance des trois estats. Si en laissoient le prevost des marchans convenir et aucuns des bourgois de Paris, pour ce que cil s'en entremettoient plus avant que il ne voisissent. » Cf. Secousse, *Mémoires*, etc., pp. 137 et suiv.

[3] Secousse, t. I, p. 138.

[4] Voyez l'acte d'accusation contre Robert Le Coq, publié par M. Douët d'Arcq dans la *Bibl. de l'École des chartes*, I<sup>re</sup> série, t. II, pp. 550 et suiv. Cf. Secousse, *Mémoires*, pp. 109 et 110.

duc de Normandie renonce à maintenir dans leurs charges; la grande
ordonnance de réformation, subie plutôt qu'acceptée par le prince;
au mois d'avril, une nouvelle réunion des états dont les rangs s'éclair-
cissent de plus en plus; la résistance des provinces aux ordres venus
de Paris; à Paris même, de fréquentes scènes de tumulte et un
commencement de réaction en faveur de l'autorité royale; dans les
mois suivants le progrès de l'agitation, les voyages du Dauphin à Rouen,
à Poitiers et à Chartres; les efforts d'Étienne Marcel pour conserver et
accroître sa popularité; les états généraux pour la troisième fois appelés
à se réunir à Paris, au mois de novembre; dans la nuit du 7 au 8 de
ce mois, la délivrance du roi de Navarre, alors détenu au château
d'Arleux, dans le Cambrésis; son arrivée à Paris; ses relations tantôt
secrètes et tantôt avouées avec le parti populaire; son apparente
réconciliation avec le duc de Normandie. L'Université, autant qu'on peut
en juger, resta étrangère à tous ces événements et à toutes ces intrigues,
sur lesquelles par conséquent nous ne saurions insister sans sortir de
notre sujet. Mais, au mois de janvier 1358, il se produisit deux incidents,
l'un que tous les historiens ont mentionné, l'autre que les écrivains les
plus récents passent en général sous silence, mais qui tous deux
témoignent clairement des dispositions du corps universitaire.

Dès les premiers jours de l'année 1358, Étienne Marcel voulant
donner un signe de ralliement à ses partisans, ordonna, par le cri d'un
héraut, à tous les bons citoyens, d'avoir à porter un chaperon mi-
parti rouge et pers, c'est-à-dire bleu foncé, avec des agrafes d'argent
entremêlé d'émail vermeil et azuré. Sur l'agrafe se lisaient ces mots :
*A bonne fin*, en signe d'alliance, disent des lettres de rémission du
10 août 1358[1], de vivre et mourir avec le prévôt contre toutes personnes. Il est intéressant de savoir quelle fut alors la conduite de
l'Université. Non-seulement elle n'obéit pas à l'ordonnance d'Étienne
Marcel, mais elle fit savoir qu'elle ne s'y soumettrait pas. Un mandement du recteur fit défense à tous maîtres et écoliers de porter aucun
signe de faction. C'est par Du Boulay[2] que nous connaissons ce fait
important. Contre son habitude, le scrupuleux historien, ainsi que
notre savant confrère et ami M. Paulin Paris[3] en fait la remarque, ne
cite aucun texte à l'appui de son assertion. Toutefois, on ne saurait
douter qu'il n'eût sous les yeux, ou l'acte même dont il parle, ou quelque
ancien registre dans lequel cet acte était mentionné. Malheureusement
les registres de l'Université de Paris qui se réfèrent à cette époque ne
nous sont point parvenus[4]; de sorte que nous ne pouvons vérifier par

---

[1] Ces lettres ont été publiées par Secousse, dans le *Recueil de pièces* qui
forme le second volume de ses *Mémoires* sur le roi de Navarre, pp. 85 et 86.

[2] *Hist. Universitatis Parisiensis*, t. IV, p. 336.

[3] *Grandes Chroniques*, t. VI, p. 85.

[4] Le plus ancien registre que nous possédions est celui de la nation d'Alle-

nous-même le témoignage de Du Boulay, ce qui n'en infirme nullement l'irréfragable autorité.

Quelques jours après le mandement du recteur, eut lieu un autre incident, qui fut la confirmation de celui que nous venons de rappeler. Le samedi 13 janvier, monseigneur le duc de Normandie, racontent les *Grandes Chroniques*, fit venir au Louvre plusieurs maîtres de Paris. Par ces mots « maître de Paris, » il nous est impossible de comprendre les notables de la ville, comme Secousse paraît disposé à le croire, sur la foi d'une chronique. Parmi les notables habitants figuraient sans doute les maîtres qui enseignaient dans les écoles; aussi l'expression de *notabiles* a-t-elle pu leur être appliquée par un chroniqueur. Mais quelle que soit au moyen âge la diversité des sens du mot *magister*, ce mot, dans le passage des *Grandes Chroniques* dont il s'agit, nous paraît incontestablement désigner le corps enseignant. Et quel fut l'entretien du dauphin avec ces maîtres de l'Université qu'il avait réunis autour de lui? Il leur parla sur le ton le plus affable, et leur demanda de se conduire envers lui-même comme de bons sujets, leur promettant d'être pour eux un bon seigneur. Ceux qui étaient présents répondirent au prince qu'ils vivraient et mourraient pour lui. Ils ajoutèrent qu'il n'avait que trop tardé à prendre le gouvernement [1]. Que les paroles du duc de Normandie témoignent d'une certaine appréhension et du désir de rallier des partisans à sa cause, nul ne saurait le contester; mais, dans l'accueil que ces paroles reçurent, dans l'appel qui fut adressé au prince pour qu'il prît d'une main ferme la conduite des affaires, n'y a-t-il pas la preuve manifeste que l'Université restait étrangère aux menées factieuses d'Étienne Marcel, et qu'elle conservait au fils du roi Jean un dévouement fidèle et courageux?

Il est vrai qu'au mois de février, l'Université reparut devant le duc de Normandie; elle accompagnait cette fois le prévôt des marchands et une députation de bourgeois et de membres du clergé. Il s'agissait de la paix publique, plus que jamais menacée par les nouveaux dissentiments qui se manifestaient, malgré des protestations amicales, entre le duc de Normandie et le roi de Navarre. Le général des Frères Prêcheurs, Simon de Langres, adressa au régent un discours que Secousse qualifie d'insolent [2], et qui sous ce rapport fut dépassé, selon le même écrivain,

magne, dont le lecteur trouvera d'assez longs extraits dans notre *Index chronologicus*, aux années 1332, 1333 et 1338. Mais le registre s'arrête à l'année 1347, et ne reprend qu'à l'année 1390. Toute la partie intermédiaire est depuis longtemps perdue, comme en témoigne la note suivante, d'une écriture très-ancienne : « Registrum procuratoris de quinquaginta annis amissum est, quod immediate hoc sequi debet. Ideo hoc quod sequitur incipit in anno 1396 Magna fuit et adhuc in compluribus est negligentia. »

[1] *Grandes Chroniques*, p. 80. Cf. Secousse, *Mémoires*, p. 172.

[2] Secousse, *Mémoires*, pp. 178, 179.

par l'interpellation d'un autre moine, prieur d'Essonne, près Corbeil. Qu'avait dit cependant Simon de Langres? Qu'il fallait en finir avec le roi de Navarre; le mettre en demeure de produire en une seule fois toutes ses réclamations; cela fait, lui rendre les forteresses qui lui avaient été enlevées; examiner ensuite avec maturité ses autres demandes, et lui rendre sur chaque point bonne justice. Le prieur d'Essonne ajouta que M⁰ Simon n'avait pas tout dit; et se tournant vers le régent, il déclara, au nom des assistants, que si l'une des parties, ou le régent lui-même ou le roi de Navarre, repoussait la transaction proposée, ils avaient résolu de se mettre contre celui qui l'aurait repoussée et de prêcher contre lui [1]. Faut-il interpréter ces paroles comme une adhésion à la politique d'Étienne Marcel? Nous ne le pensons pas : nous ne saurions y voir qu'une invitation à la concorde entre les princes de la maison de Valois, et le témoignage vivement exprimé de ce besoin de tranquillité et d'union qui commençait à devenir dominant. Ni le général des Frères Prêcheurs, ni le prieur d'Essonne ne font allusion aux griefs réciproques de la bourgeoisie et de la royauté : ils ne s'occupent l'un et l'autre que du roi de Navarre et du Dauphin, et des bons rapports à établir entre les deux princes; ils parlent en médiateurs, ou, si l'on veut, en arbitres : ils ne parlent point en rebelles; et c'est, à notre avis, par une fausse interprétation de leurs paroles que la plupart des historiens les ont représentés tous deux comme appartenant à la faction d'Étienne Marcel.

Il nous semble aussi qu'on est tombé dans une singulière méprise à propos de l'excommunication lancée par l'évêque de Paris, Jean de Meulan, contre le maréchal de Normandie, Robert de Clermont. Il n'est que trop évident que Robert de Clermont s'était attiré, par sa violence inconsidérée, la censure ecclésiastique la plus rigoureuse. Il avait forcé les portes du cloître de Saint-Merry, où s'était réfugié un apprenti changeur, Perrin Marc, à la suite du meurtre de

---

[1] Voici, dans son intégrité, le passage des *Grandes Chroniques*, p. 85, que nous venons de résumer : « Celle sepmaine, l'Université de Paris, le clergié, le prévost des marchans et ses compaignons, alèrent par devers monseigneur le duc, au palais, et la fu dit audit duc, par frère Simon de Langres, maistre de l'ordre des Jacobins, que tous les dessus nommés avoient esté ensemble au conseil, et avoient délibéré que le roy de Navarre feroit faire audit duc toutes ses demandes à une fois; et que tantost que il les auroit faites, ledit duc feroit rendre audit roi de Navarre toutes ses forteresses : et après l'en regarderoit sur toutes les requestes dudit roy, et luy passeroit l'en tout ce que l'en devroit. Et pour ce que ledit maistre ne disoit plus, un moine de Saint Denis en France, maistre en théologie et prieur d'Essonne, dit audit maistre que il n'avoit pas tout dit. Si dist alors ledit prieur à monseigneur le duc, que encore avoient-ils délibéré que se il ou le roy de Navarre estoient refusans de tenir et accomplir leur délibération, ils seroient tous contre celuy qui en seroit refusant, et prescheroient contre luy. »

Jean Baillet, trésorier du Dauphin; il en avait arraché le meurtrier, et l'avait fait pendre; il avait donc violé le droit d'asile, droit que les décisions répétées des conciles avaient consacré, et que l'Église n'avait jamais laissé enfreindre sans frapper d'anathème les coupables [1]. L'évêque de Paris eût manqué aux devoirs de sa charge, s'il eût laissé impuni l'attentat commis par le maréchal de Normandie. Il est superflu et presque puéril de chercher des motifs politiques, une connivence avec Étienne Marcel, des haines de parti, pour expliquer l'excommunication qu'il lança; elle était commandée par des motifs religieux, par le respect de la loi ecclésiastique et la protection due aux antiques immunités du cloître Saint-Merry. Mais, bien que dans cette circonstance Jean de Meulan, fidèle à son devoir épiscopal, n'ait point hésité à braver le mécontentement du Dauphin, aucun témoignage n'autorise à le classer parmi les adversaires de l'autorité royale. S'il rendait à Dieu ce qui est à Dieu, il savait rendre à César, comme l'a remarqué M. Perrens [2], ce qui est à César. Aussi, quelques mois plus tard, lorsque toute sédition étant apaisée le Dauphin rentra dans Paris, Jean de Meulan fut de ceux qui allèrent au-devant de lui et tinrent place dans son cortége.

L'évêque de Laon, Robert Le Coq, fut le seul prélat; Robert de Corbie fut le seul maître de l'Université, qui prirent résolûment parti pour Étienne Marcel et pour le roi de Navarre. Nous n'avons pas à parler de Robert Le Coq, personnage d'ailleurs bien connu, et dont les documents publiés par M. Douët d'Arcq ont mis l'attitude et les méfaits en pleine lumière. Robert de Corbie n'appartenait à aucune communauté religieuse : c'était un maître séculier. Il assista aux états généraux de 1356, dans les rangs du tiers état, comme député de la ville d'Amiens, fut au nombre des commissaires désignés par ces états pour la réforme du royaume, prit une part très-active aux menées d'Étienne Marcel, se prononça pour le roi de Navarre après la mise en liberté de ce prince, porta souvent la parole dans les assemblées populaires, et mit tout en œuvre afin d'assurer le triomphe de son parti. Mais, quelque rôle que des convictions profondes, ses relations d'amitié ou son ambition l'aient poussé à jouer, la question est de savoir si, dans la voie où il marchait, il fut suivi par ses collègues, maîtres en divinité comme lui, et par de fidèles disciples. L'Université de Paris laissait, après tout, à ses écoliers et à ses maîtres, en des conjonctures aussi graves, une certaine liberté d'opinion et de conduite. Tant qu'elle n'avait pas elle-même prononcé, chacun pouvait se

---

[1] Voyez la savante dissertation de M. Wallon, *du Droit d'asile*. Ce fut la thèse que notre éminent confrère présenta, en 1837, à la Faculté des lettres de Paris pour obtenir le grade de docteur ès lettres.

[2] *Étienne Marcel et le gouvernement*, etc.. p. 323.

laisser aller à sa propre pente. La pente où Robert de Corbie s'était engagé fut-elle suivie dans les écoles? Aucun témoignage, aucun fait ne l'établit. Robert de Corbie apparaît donc à l'historien comme une recrue isolée que Marcel et le roi de Navarre avaient gagnée à leur cause, mais qui n'entraîna pas avec elle d'autres défenseurs de leurs projets. Ajoutons qu'après la mort d'Étienne Marcel, Robert essaya de rentrer en grâce auprès du régent, et qu'il obtint des lettres de rémission et la restitution de ses biens et bénéfices [1]. En 1364, nous le retrouvons à la Faculté de théologie, prenant part à une délibération de la compagnie contre les assertions d'un cordelier, frère Soulechat, sur la pauvreté volontaire [2].

Il ne faut donc pas s'armer du nom de Robert de Corbie pour soutenir que l'Université, abandonnant la cause du Dauphin, c'est-à-dire la cause de la royauté, était passée en majorité dans le camp d'Étienne Marcel. Nul ne se méprenait alors sur ses affections et sur ses vœux : loin de là, son amour de la paix et son attachement au roi, représenté par le Dauphin, d'autre part la déférence du Dauphin envers elle, étaient si notoires, que la situation devenant de jour en jour plus critique pour Étienne Marcel et ses partisans, ce fut à l'Université que le prévôt des marchands s'adressa pour servir d'intermédiaire aux Parisiens près du duc de Normandie.

Le 22 janvier 1358, le jeune prince avait vu massacrer à ses côtés, dans son propre palais, les maréchaux de Champagne et de Normandie, et il avait entendu Marcel ordonner froidement ce meurtre, que Robert de Corbie osait le lendemain justifier devant les députés des bonnes villes. S'il n'avait pas quitté Paris immédiatement, c'est qu'il s'y sentait surveillé et en quelque sorte retenu prisonnier. A peine eut-il atteint sa vingt et unième année, le 14 mars suivant, il échangea son titre de lieutenant du roi contre celui de régent du royaume; puis il s'échappa furtivement par la Seine, la douleur et l'indignation dans l'âme, résolu de ne pas rentrer dans Paris avant d'avoir tiré vengeance des meurtriers [3]. Après être allé à Meaux, de là à Senlis, puis à Provins, pour assister à la réunion des états provinciaux de Champagne, il avait gagné Compiègne, où il venait de convoquer les états généraux. Ce fut dans cette ville que vinrent le trouver, dans les premiers jours de mai, sur les instances d'Étienne Marcel, le recteur de l'Université, et deux maîtres de chaque Nation, précédés des grands bedeaux. Selon la mission qu'ils avaient reçue, ils s'efforcèrent de fléchir le prince, et lui

[1] *Bibl. de l'École des chartes*, I<sup>re</sup> série, t. II, p. 387.
[2] *Index chronologicus*, etc., p. 162.
[3] Continuateur de Guillaume de Nangis, t. II, p. 254 : « A civitate Parisiensi consternatus animo abiit et recessit, proponens ad eam non reverti, nisi prius vindicta aliqualis de præfatis fuerit subsecuta. »

donnèrent l'assurance que les Parisiens étaient prêts à lui accorder toutes les satisfactions qu'il ordonnerait, pourvu qu'il ne demandât la mort de personne. Le régent accueillit la députation avec bonté ; mais il ne consentit à rendre aux Parisiens ses bonnes grâces, qu'autant que dix ou douze, et tout au moins cinq ou six des personnages les plus compromis dans les troubles de Paris, lui seraient livrés. Il déclara d'ailleurs qu'il leur laisserait la vie sauve [1].

Lorsque la réponse du prince eut été transmise à Marcel, celui-ci jugea, non sans motifs, qu'un pardon offert dans de telles conditions offrait peu de garanties à ceux qui l'obtenaient. Il se prépara donc à soutenir la lutte avec plus d'ardeur que jamais, fit réparer les anciens murs, creuser des fossés, élever des remparts nouveaux, placer des balistes aux portes. Mais parvint-il à entraîner avec lui l'Université ? Tous les faits démentent une pareille supposition.

L'Université n'avait pas réussi à procurer par ses démarches le rétablissement de la paix, mais elle ne la souhaitait pas moins très-vivement, autant, il faut le dire, dans son propre intérêt que par un sentiment de patriotisme. Les préparatifs d'une guerre civile que tout faisait prévoir, ou pour mieux dire qui se trouvait déjà engagée, lui portaient le plus grave préjudice. Le contre-coup des agitations de la place publique se faisait sentir dans les écoles, et troublait les études. « Que sont devenus, s'écriait Pétrarque [2], témoin véridique de cette affligeante situation, que sont devenus les bataillons pressés des étudiants, et l'ardeur qu'ils montraient pour l'étude, et la gaieté qui les animait ? Ce n'est plus le bruit des controverses, mais des bruits de

[1] *Regist. Nationis Anglic.*, ad diem 2 maii 1358, cité par Du Boulay, t. IV, p. 344 : « Sequenti die (post festum SS. Jacobi et Philippi) facta congregatione ad S. Mathurinum Facultatis artium, deliberatum fuit concorditer, quod duo magistri de qualibet Natione una cum D. rectore et bedello superiore uniuscujusque Nationis irent ad dominum D. Normaniæ propter pacem et concordiam trium statuum ; et hoc expensis propriis, ita quod quælibet Natio ferret expensas istorum qui irent de illa Natione. » Continuateur de Guillaume de Nangis, t. II, p. 255 : « Præpositus præfatus et illi qui gubernationem civitatis sibi post recessum ducis acceperant, supplicaverunt Universitati Studii Parisiensis quatenus ad dictum ducem regentem accederent, et ei, ex parte eorum et totius urbis, humiliter supplicarent, quatenus indignationem quam erga ipsos cives conceperat, a corde suo dulciter amoveret ; promittentes et offerentes emendam condignam sibi facere, salva vita omnium, honore et reverentia qua decebat. Universitas autem, pro bono civitatis, libenti animo misit plures solemnes deputatos supplicaturos pro negotiis supradictis. Qui quidem a domino duce et aliis dominis cum omni benignitate recepti, reportarunt quod unus numerus satis parvus, ut puta decem vel duodecim, vel saltem quinque vel sex virorum qui magis de illo negotio perpetrato suspecti habebantur, sibi mitterentur, non intendens eorum mortem : et tunc si hoc facerent, libenter dux, ut dicebat, seipsum intimum amicitia sicut antea reformaret..... »

[2] *Epist. rer. senil.*, l. II, X, ep. II.

guerre qui retentissent ; ce ne sont plus des amas de livres, mais des monceaux d'armes qui frappent la vue : il n'y a plus ni syllogismes, ni sermons, mais la voix des sentinelles qui font le guet, près des machines de guerre, sur les remparts de la ville. » La sûreté des personnes, surtout quand elles appartenaient à l'Église, était tellement menacée, que le Dauphin, après sa rentrée dans Paris, a pu écrire au comte de Savoie [1], en parlant des Navarrais, alliés d'Étienne Marcel : « Et ainsi devoient entrer en la dicte ville ; et si tost qu'ils y eussent esté, ils eussent murtri et mis à mort tout le clergié et genz d'église... » Aussi, dans une délibération du chapitre de Notre-Dame de Paris, en date du 13 avril 1364, et relative à des vexations commises par les adhérents d'Étienne Marcel, cette triste époque est-elle dénoncée au jugement de l'histoire comme une époque de tyrannie, *tempore tempeste tyrannie que fuit Parisius* [2]. En admettant que ce témoignage, postérieur au triomphe de la cause royale, parût suspect, on ne saurait méconnaître que, sous le règne du prévôt des marchands, les intérêts matériels des colléges et des maisons religieuses souffraient de cruelles atteintes. Ainsi on avait vu, comme nous en avons fait la remarque plus haut, les beaux jardins des Frères Prêcheurs, qui s'étendaient en deçà et au-delà des murs de la ville, saccagés et détruits pour faire place à des travaux de défense, fossés, remparts et chemins de ronde [3]. Nous ajoutions que, suivant M. Henri Martin, « les bons frères ne murmurèrent pas. » Nous serions heureux de savoir quelle autorité l'éminent historien pourrait alléguer à l'appui de cette assertion. Sans vouloir nous jeter nous-même dans la voie toujours périlleuse des suppositions, nous croyons être plus près de la vraisemblance, en conjecturant que Simon de Langres lui-même vit avec tristesse la dévastation des propriétés du couvent dont il était le supérieur, et qu'il en sut mauvais gré à la bourgeoisie parisienne.

Lorsque, dans ces tristes jours, l'Université avait une plainte à élever, à qui venait-elle demander appui et protection ? A l'autorité royale. La rue de Fouarre où se trouvaient, comme on sait, les écoles de la Faculté des arts, était fréquentée la nuit par des femmes de mauvaise vie et par des gens sans aveu. On y entassait des immondices à infecter tout le voisinage ; on s'introduisait dans les salles de classe, et on souillait la chaire des professeurs et la paille destinée à servir de siége aux étudiants, comme si on eût voulu empêcher ceux-ci de recueillir,

---

[1] Perrens. *La démocratie au moyen âge*, t. II, pp. 359 et suiv.

[2] *Arch. Nat.*, Reg. 44209⁴, f° 489. Nous devons ce renseignement à l'obligeance du savant éditeur de Froissart, M. Siméon Luce.

[3] Cont. de Guillaume de Nangis, t. II, p. 237 : « Fuerunt destructa hospitia et domus quas Fratres Prædicatores habebant et Minores extra muros Parisienses..... Et non solum domos quas ædificaverant perdiderunt exterius, sed etiam domos intra mœnia... »

selon l'expression du temps, la fleur et la perle de la science, *florem et margaritam scientiæ.* Il semblerait que la répression de ces scandales fût de la compétence exclusive du prévôt des marchands, premier magistrat, et alors, pour ainsi dire, maître absolu de la ville. Cependant, fait curieux! ce ne fut point à lui que l'Université fit parvenir ses doléances; elle s'adressa directement au duc de Normandie, qui de Compiègne l'autorisa à établir, à chaque issue de la rue de Fouarre, une porte qui resterait fermée la nuit. Les lettres écrites à ce sujet par le régent [1] offrent ceci de remarquable, qu'il y parle de l'Université dans les termes les plus affectueux. Il déclare qu'il forme des vœux pour elle du fond de ses entrailles, *totis visceribus affectamus,* et qu'il travaillera énergiquement à lui donner repos, honneur et sécurité. Il fait en particulier l'éloge de la Faculté des arts; il la signale comme le fondement, l'origine et le principe des autres sciences, *fundamentum, originem ac principium aliarum scientiarum.* En regard de ces déclarations et de la concession bienveillante qu'elles servaient à motiver, si l'on place le silence et la conduite d'Étienne Marcel, qui ne paraît pas avoir accordé aux élèves et à leurs maîtres une seule faveur, pas même une parole d'encouragement; qui, bien au contraire, par sa politique agitée et par ses machinations, compromettait de la manière la plus grave tous les intérêts, il n'est point difficile de comprendre pourquoi l'Université de Paris n'a pas embrassé la cause du prévôt des marchands.

Cependant les événements suivaient le cours qu'il était facile de prévoir. « Bon commencement eurent, dit un chroniqueur en parlant des états de 1356, mais mal finirent [2]. » Tandis que le trouble et la confusion croissaient à Paris, quelques-unes des provinces voisines étaient la proie de la plus cruelle anarchie. En Normandie, en Picardie et en Champagne, la Jacquerie était venue ajouter d'effroyables scènes de meurtre, de pillage et d'incendie à tous les symptômes de dissolution qui menaçaient la France. La misère était générale, et de jour en jour plus douloureuse et plus accablante. Elle entraînait les populations, qui mouraient de faim, à tous les excès d'une rébellion sauvage; elle disposait la bourgeoisie épouvantée à subir le joug d'un maître dont le pouvoir ne fût pas mis en question, et qui rendît à chacun la sécurité et la paix.

Si la Jacquerie, en se disciplinant, avait pris de la consistance, peut-être aurait-elle pu venir en aide à Marcel; mais après s'être souillée par des crimes sans nombre, elle ne tarda pas à être écrasée en plusieurs rencontres par les nobles, ralliés enfin pour la défense de leur famille et de leur propre vie. Le régent s'était rapproché de Paris,

[1] Lettres du mois de mai 1358. *Recueil des anc. lois,* etc., t. V. pp. 26 et suiv.
[2] *Chronique des quatre premiers Valois,* publiée par M. Luce, p. 59.

et depuis les derniers jours de juin, il campait avec trois mille gentilshommes, suivis de leurs valets et de leurs écuyers, du côté de Charenton, ce qui le rendait maître du cours supérieur de la Seine. Le roi de Navarre était à Saint-Denis, à la tête d'une petite armée; les Parisiens l'avaient proclamé leur capitaine; mais ce prince ambitieux n'était pour eux qu'un allié flottant, incertain, toujours prêt à les trahir. Il n'avait pas empêché que les communications de la ville avec la campagne fussent coupées, les approvisionnements compromis. Les habitants, exposés à la famine, ne cachaient ni leurs craintes ni leur mécontentement [1]. A la fin du mois précédent, deux d'entre eux, accusés de trahison, avaient été mis à mort par ordre de Marcel; mais leur supplice avait accru l'effervescence, bien loin de la calmer. Il était évident que la violence ne rendrait pas au prévôt des marchands la direction des esprits qui lui échappait.

Dans ces conjonctures, l'Université de Paris fut appelée de nouveau à remplir le rôle de médiatrice, rôle pour lequel la bienveillance du régent semblait la désigner.

La veuve Charles le Bel, Jeanne d'Évreux, tante du roi de Navarre, s'affligeait des dissensions qui armaient l'un contre l'autre deux princes de sa famille. Elle avait essayé plusieurs fois de les réconcilier, et de réconcilier en même temps le Dauphin avec Étienne Marcel. Dans le courant du mois de juin, elle entama de nouvelles négociations en vue de la paix, et elle supplia l'Université d'intervenir. Le rédacteur d'un vieux registre, aujourd'hui perdu, auquel Du Boulay a emprunté le fait, n'a pas négligé de nous apprendre le caractère de la démarche que fit la reine Jeanne d'Évreux : ce ne fut pas un ordre, ni même une simple invitation, ce fut une prière, *supplicationem*, qu'elle adressa au recteur. Elle avait le droit de compter sur le succès, comme veuve du dernier roi, fils lui-même de Philippe le Bel, et d'une autre reine de Navarre, qui, dans les dernières années de sa vie, avait fondé à Paris le collége de Navarre, richement doté et devenu bientôt florissant. Comment l'Université n'aurait-elle pas gardé le souvenir de ce bienfait et témoigné une juste déférence aux héritiers de sa bienfaitrice [2] ? Le recteur d'alors, tout récemment élu, était Jean de la Marche, qui fut, avec son neveu et héritier, Guillaume de la Marche, le fondateur du collége de ce nom. Sur la convocation du recteur, la Faculté des arts se réunit le 24 juin aux Mathurins, et fut d'avis, conformément au vœu de la

---

[1] *Chronique des quatre premiers Valois*, p. 81 : « Une principal cause qu'il plus tot fit tourner le commun de Paris contre le prévost de Paris, si fut pour la deffaulte de vivres qu'ilz avoient eu en la dicte cité et par espécial de pain. »

[2] M. Siméon Luce a signalé le premier, je crois, l'influence que le souvenir de la fondation du collége de Navarre avait pu avoir sur les démarches de l'Université. *Bibl. de l'École des chartes*, t. XXI (an. 1859-1860), p. 276.

reine, d'aller trouver le duc de Normandie, mais sous la condition que les procureurs des quatre Nations de la Faculté des arts feraient le voyage aux frais de leurs Nations respectives, en tenant compte au recteur de sa propre dépense; clause curieuse, qui montre à quels détails minutieux descendaient quelquefois les délibérations dans l'École de Paris. L'Université se trouva, sans avoir cherché cet honneur, appelée à préparer et à seconder la transaction qui eut lieu le 8 juillet entre le roi de Navarre et le Dauphin; mais ce stérile traité ne rendit pas la paix à l'État, car les conditions en furent aussitôt violées que convenues.

Déjà cependant le pape Innocent VI avait lui-même élevé la voix contre les sanglantes agitations du Royaume Très-Chrétien.

Innocent VI, qui était Français, avait appris avec une extrême douleur les désastres de son pays natal. Après la bataille de Poitiers, il était intervenu en faveur du roi Jean, et avait fait tous ses efforts pour modérer les prétentions des Anglais et obtenir d'eux une paix honorable [1]. Il ne paraît pas, à l'origine, avoir donné une sérieuse attention aux événements qui se passaient à Paris. Soit qu'il les jugeât sans gravité, soit qu'il fût distrait par d'autres soins, il ne se mêla pas, dans le principe, à la querelle du duc de Normandie et du prévôt des marchands. Mais quand le désaccord eut dégénéré en conflit armé, et que, dans le même temps, les atrocités de la Jacquerie eurent consterné la société chrétienne, Innocent VI ne se résigna pas plus longtemps à garder le silence. Il écrivit à l'archevêque de Lyon, Raymond Saquet, à l'évêque de Paris, Jean de Meulan, au prieur de Saint-Martin-des-Champs, Jean Du Pin, et les chargea de parler en son nom aux habitants des villes et campagnes, et de les exhorter à cesser toute sédition et à fuir les nouveautés pernicieuses. Il adressa en même temps à l'Université de Paris une lettre qui nous a été conservée. Il y exprime avec émotion l'affliction amère que lui font éprouver les maux qui désolent l'illustre royaume de France, ces criminelles inventions où se sont

---

[1] Dans son discours sur l'état des lettres en France au xiv⁰ siècle, *Hist. litt. de la France*, t. XXIV, p. 168, M. Victor Le Clerc a cité quelques passages de la lettre touchante que, dès le 11 octobre 1356, c'est-à-dire environ trois semaines après la bataille de Poitiers, Innocent VI adressait à l'empereur d'Allemagne : « Mon très-cher fils, une si grande amertume a rempli mon cœur, une si poignante douleur l'a déchiré, à la nouvelle de l'événement sinistre qui frappe mon très-cher fils en Jésus-Christ, Jean, l'illustre roi de France..., qu'il m'a semblé que ma vertu, ma force, tous mes sens m'abandonnaient à la fois. Il faudrait être dépourvu de raison, de pitié, d'humanité, pour ne point fondre en larmes, pour ne point laisser échapper les plus tristes accents, pour ne pas éclater en gémissements, en pleurs, en lamentations, en sanglots, à l'aspect de tout ce sang chrétien répandu par les plus nobles peuples, de cette ruine des familles fidèles, de ces dangers pour les âmes..... »

laissés aller Paris et d'autres villes, ces fureurs populaires déchaînées
contre tant de nobles seigneurs; enfin, pour des milliers de personnes,
la perte de leurs biens, de leur vie et même de leur âme. Le pape,
en conséquence, invite l'Université à s'unir à lui pour l'amour de Dieu,
et par respect pour le Saint-Siége apostolique. Elle ira trouver le prévôt
des marchands, Étienne Marcel, les échevins et autres bourgeois
de la ville de Paris; elle les conjurera d'abandonner leurs projets
pernicieux, de faire acte d'humilité et d'obéissance; elle concertera
ses propres demandes avec celles de l'archevêque de Lyon et de
l'évêque de Paris; elle méritera ainsi la bénédiction du Saint-Siége et
celle de Dieu.

Cette lettre, datée de Villeneuve-lez-Avignon, le 14 juin 1358, fut
apportée par le recteur Jean de la Marche à l'assemblée qui se tint le
16 juillet suivant au cloître des Bernardins [1]. Quel fut l'accueil fait par
l'Université aux injonctions charitables du Souverain pontife? Fut-elle
mêlée aux dernières négociations qui eurent lieu entre le régent et le
prévôt des marchands? Osa-t-elle conseiller au premier la clémence, au
second la soumission et l'obéissance? Nous n'avons à cet égard aucun
témoignage. Mais à considérer la situation générale des affaires, on ne
voit pas quel rôle utile l'Université pouvait encore jouer à la date du
15 juillet 1358. Les pourparlers qui se continuaient n'attestaient que
l'indomptable opiniâtreté d'Étienne Marcel à défendre une cause perdue
sans retour. Il n'avait pu rallier à son parti, malgré son éloquent
appel, la bourgeoisie des bonnes villes du royaume. Il mettait son
suprême espoir dans le roi de Navarre, et malgré de cruelles déceptions,
il ne reculait pas devant la pensée de le proclamer roi de France.
Mais, lorsqu'il croyait s'être assuré du concours de ce prince, de
sanglantes collisions éclataient entre la milice parisienne et les
Navarrais : six cents bourgeois succombaient aux portes de Paris sous
les coups de ceux que le prévôt des marchands déclarait ses alliés.
Nous n'entrerons pas dans le récit d'événements bien connus, étrangers
à l'objet spécial de ce travail. Tout s'avançait rapidement vers un
dénouement trop certain. Dans la nuit du 31 juillet, un échevin,
Jean Maillard, se fit l'interprète du mécontentement des Parisiens et
l'instrument des pensées de vengeance qui animaient beaucoup d'entre
eux. Cette nuit même, à la suite d'une violente altercation avec
Marcel, Jean Maillard se répandit avec les siens dans la ville, aux cris
de: « Montjoie et Saint-Denis! Au roi et au duc! » Marcel périt frappé
de sa main, selon le récit de Froissart, ou, suivant d'autres, sous les
coups de meurtriers restés inconnus. Plusieurs d'entre les amis du
prévôt furent égorgés à la même heure que lui; d'autres furent mas-
sacrés ou pendus les jours suivants. Le régent, qui se trouvait à Meaux,

[1] Du Boulay, *Hist. univ. Paris.*, t. IV, pp. 314 et 351.

fut rappelé avec instance à Paris, et y rentra dès le 2 août en grande pompe. La rébellion était vaincue, l'autorité royale rétablie et vengée; il restait à réformer les abus qui avaient causé les malheurs de la France, motivé les plaintes sévères des états généraux, et servi de prétexte aux visées les plus téméraires et aux plus coupables intrigues d'Étienne Marcel.

On peut apprécier, par ce qui précède, l'attitude que l'Université de Paris a conservée pendant cette crise mémorable de la monarchie. Elle n'a pris aucune part au mouvement insurrectionnel; elle s'y est montrée plutôt contraire que favorable; elle inclinait du côté de la royauté qui la protégeait et l'honorait, plutôt que du côté de la bourgeoisie qui l'inquiétait et qui la troublait. Elle ne se refusait pas à la réforme des abus qui venaient de compromettre l'existence même du royaume de France; mais les projets des réformateurs l'effrayaient, et elle ne consentit pas à s'y associer et à les soutenir.

De là résulte une conséquence qui n'est pas sans intérêt pour l'intelligence des événements de ces terribles années. L'entreprise d'Étienne Marcel ne fut pas aussi populaire, elle ne réunit pas à Paris autant d'adhésions, elle n'y trouva pas autant d'appuis que les historiens les plus récents l'ont pensé. Elle n'eut pour elle que la partie la plus remuante de la bourgeoisie; elle eut contre elle la noblesse et le plus grand nombre des membres du clergé; elle ne parvint pas à rallier cette corporation puissante de l'Université, qui sut se maintenir sur sa montagne Sainte-Geneviève, en dehors des dissensions civiles, toujours prête à porter au prince des paroles de paix, jamais à devenir complice d'une sédition contre lui. Qui n'a lu, dans l'*Histoire de France* de M. Michelet [1], le tableau saisissant de la ville de Paris vers le milieu du xiv<sup>e</sup> siècle? D'un côté, sur la rive droite de la Seine, la ville commerçante et industrielle, avec son corps de métiers, ses habitudes laborieuses, ses richesses lentement acquises et les aspirations libérales que développent le travail et l'aisance; sur la rive gauche du fleuve, la ville savante, la cité des philosophes, *civitas philosophorum*, comme on l'appelait dès le siècle précédent; des écoles célèbres dans la chrétienté; tout un monde d'étudiants et de maîtres, parmi lesquels les gens d'église et les théologiens n'étaient pas les moins nombreux, tous hommes d'étude, mal préparés aux agitations de la place publique, plus soucieux de leurs priviléges que des libertés de l'État, dévoués à la royauté qui les avait toujours protégés, défiants envers les novateurs dont les desseins leur échappaient ou leur nuisaient. Les quartiers commerçants et industriels se prononcèrent en majorité pour Marcel : mais il ne réussit pas à entraîner la ville savante, le quartier Latin. Il représentait la pensée et les vœux d'une partie considérable de la

---

[1] *Hist. de France*, t. III, pp. 375 et suiv.

population, vœux à beaucoup d'égards légitimes et sages : de là viennent sa fortune passagère et le nom qu'il a conservé dans l'histoire. Mais, comme il ne représentait pas la population entière, et que, par ses menées tumultueuses, il blessait les convictions et les intérêts de beaucoup d'habitants, il était condamné à n'être jamais que l'homme d'un parti, jusqu'au jour où n'ayant pas réussi par la persuasion, il aurait recours à la violence pour assurer le triomphe de ses idées. Quelque sagacité et souvent quelque prévoyance qu'il ait alliées à une rare fermeté de caractère, son échec était inévitable, et l'historien ne saurait s'en affliger, pour peu que l'historien considère le degré de puissance et de prospérité auquel la France, délivrée des agitations populaires, parvint en peu d'années sous le règne réparateur de Charles V.

Le Mans. — Typographie Ed. Monnoyer, place des Jacobins.